Impressum
Verlag: BABADADA GmbH, Nedderfeld 112 , 22529 Hamburg
Geschäftsführer / Verlagsleitung: Harald Hof
Druck: Books on Demand GmbH, In de Tarpen 42, 22848 Norderstedt

Imprint
Publisher: BABADADA GmbH, Nedderfeld 112 , 22529 Hamburg, Germany
Managing Director / Publishing direction: Harald Hof
Print: Books on Demand GmbH, In de Tarpen 42, 22848 Norderstedt, Germany

iskola

skole

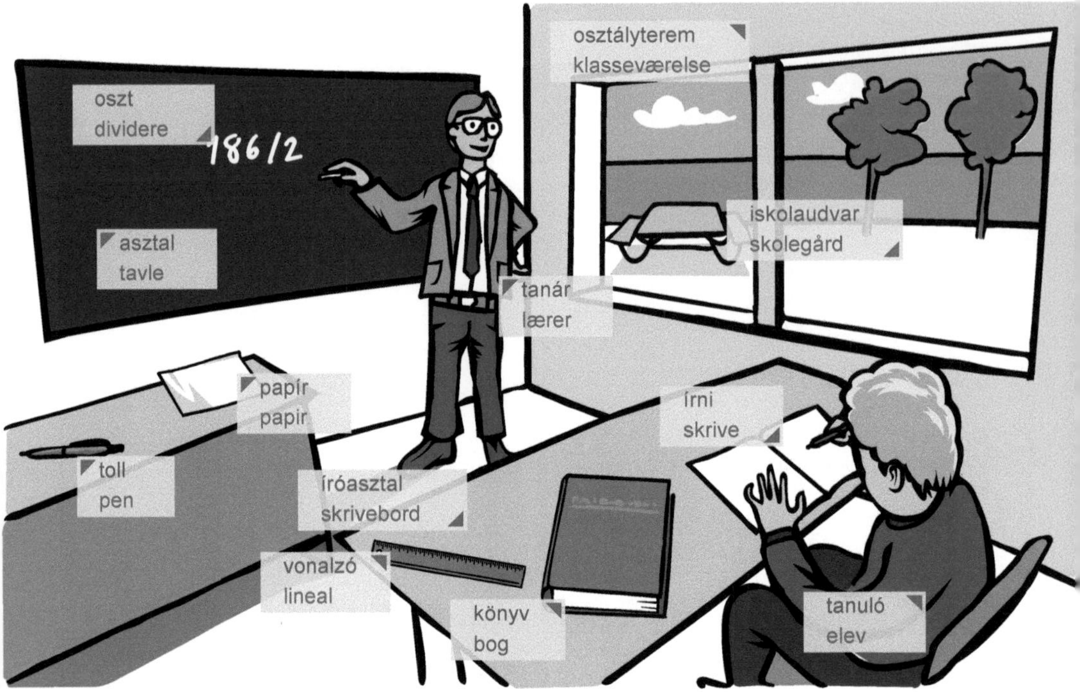
osztályterem
klasseværelse
oszt
dividere
186/2
asztal
tavle
iskolaudvar
skolegård
tanár
lærer
papír
papir
írni
skrive
toll
pen
íróasztal
skrivebord
vonalzó
lineal
könyv
bog
tanuló
elev

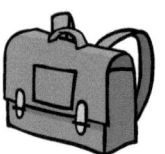

iskolatáska
skoletaske

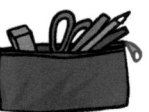

tolltartó
penalhus

ceruza
blyant

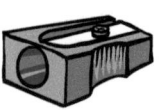

ceruzahegyező
blyantspidser

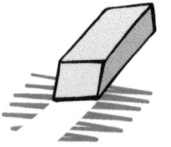

radír
viskelæder

rajzfüzet
tegneblok

rajz

tegning

ecset

pensel

festőkészlet

æske med vandfarver

olló

saks

ragasztó

lim

munkafüzet

opgavehefte

házi feladat

lektie

szám

tal

2+2

összead

addere

5-2

kivon

subtrahere

szoroz

multiplicere

számol

regne

betű

bogstav

ABCDEFG
HIJKLMN
OPQRSTU
VWXYZ

ABC

alfabet

szó

ord

szöveg

tekst

olvasni

læse

kréta

kridt

tanóra

time

napló

klasseprotokol

vizsga

eksamen

bizonyítvány

karakterbog

iskolai egyenruha

skoleuniform

oktatás

uddannelse

enciklopédia

leksikon

egyetem

universitet

mikroszkóp

mikroskop

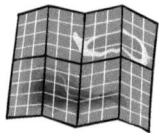

térkép

kort

papír-hulladék gyűjtő

papirkurv

4

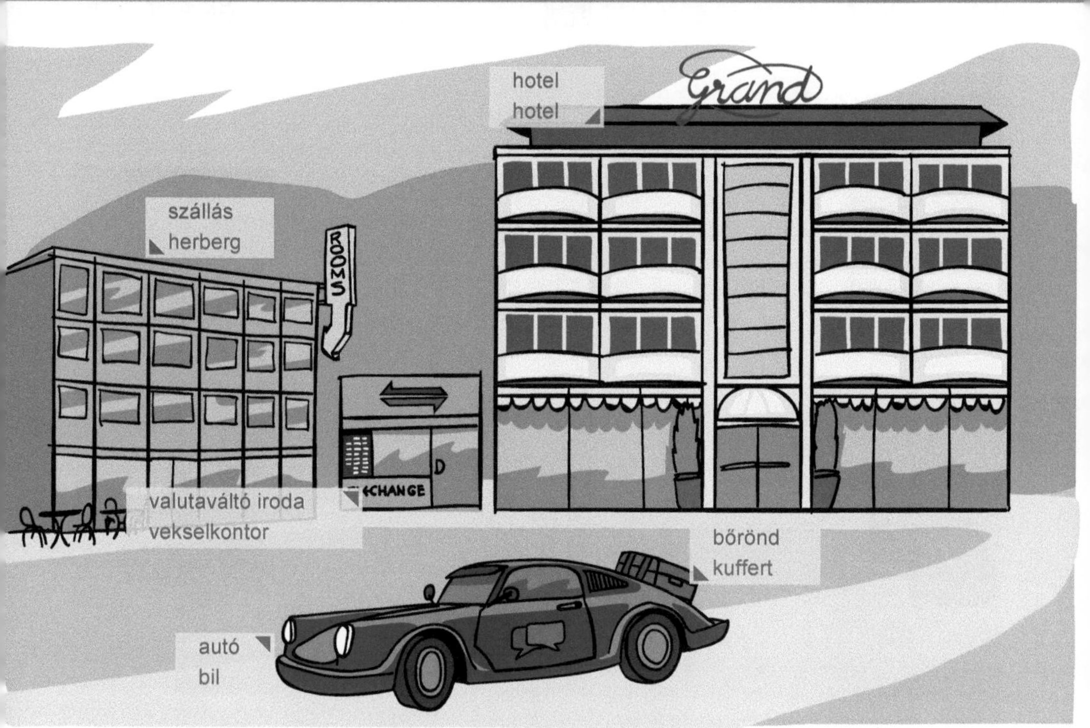

hotel
hotel
Grand
szállás
herberg
ROOMS
valutaváltó iroda
vekselkontor
EXCHANGE
bőrönd
kuffert
autó
bil

nyelv

sprog

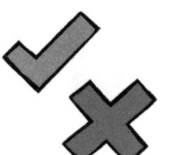

igen/nem

ja / nej

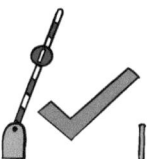

rendben

okay

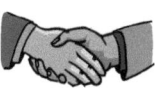

szia

hej

fordító

oversætter

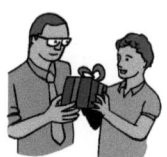

köszönöm

tak

mennyibe kerül…?

hvad koster…?

nem értem

Jeg forstår ikke

probléma

problem

Jó estét!

God aften!

jó reggelt!

God morgen!

jó éjszakát!

God nat!

viszontlátásra

farvel

útirány

retning

poggyász

bagage

táska

taske

hátizsák

rygsæk

vendég

gæst

szoba

værelse

hálózsák

sovepose

sátor

telt

turista információ

turistinformation

strand

strand

hitelkártya

kreditkort

reggeli

morgenmad

ebéd

middagsmad

vacsora

aftensmad

jegy

billet

lift

elevator

bélyeg

frimærke

határ

grænse

vám

told

nagykövetség

ambassade

vízum

visum

útlevél

pas

közlekedés
transport

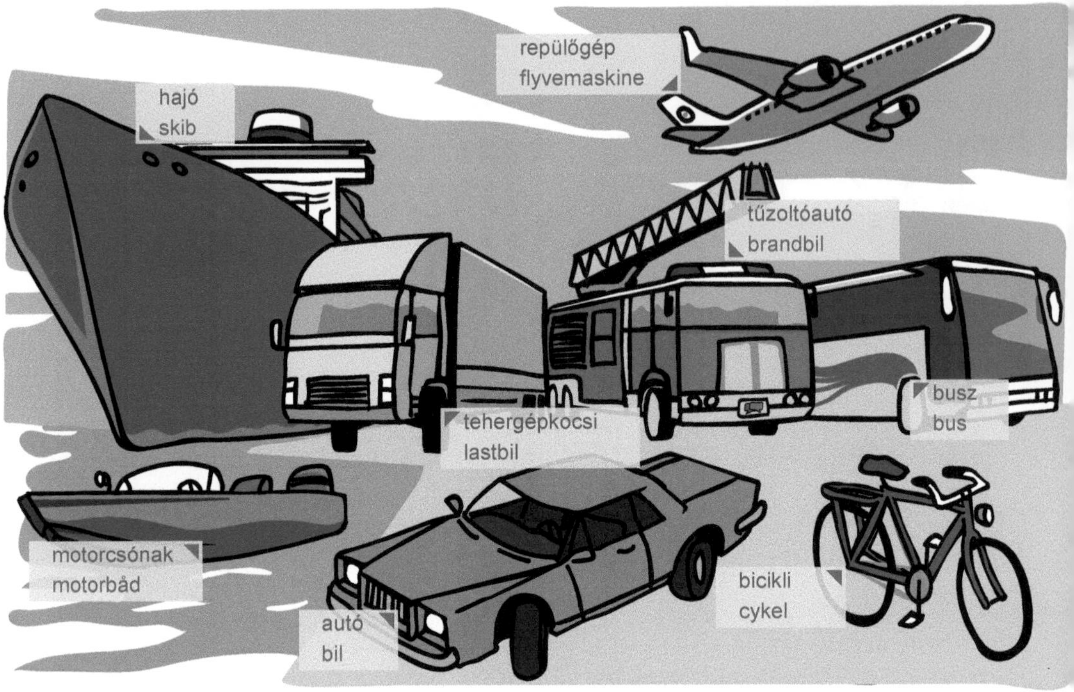
repülőgép
flyvemaskine
hajó
skib
tűzoltóautó
brandbil
busz
bus
tehergépkocsi
lastbil
motorcsónak
motorbåd
bicikli
cykel
autó
bil

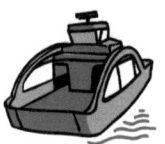

komp
....
færge

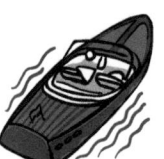

csónak
....
båd

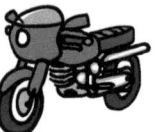

motorkerékpár
....
motorcykel

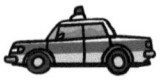

rendőrautó
....
politibil

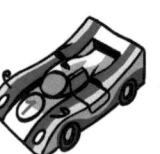

versenyautó
....
racerbil

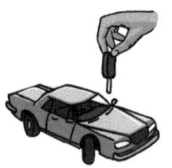

bérautó
....
lejebil

telekocsi

samkørsel

vontató

kranbil

szemetes autó

skraldebil

motor

motor

üzemanyag

benzin

benzinkút

tankstation

közlekedési tábla

trafikskilt

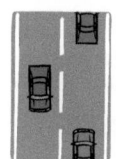

forgalom

trafik

forgalmi dugó

trafikprop

parkoló

parkeringsplads

vonatállomás

banegård

sínek

skinner

vonat

tog

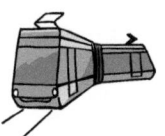

villamos

sporvogn

vagon

wagon

helikopter

helikopter

repülőtér

lufthavn

torony

tårn

utas

passager

konténer

container

kartondoboz

karton

taliga

kærre

kosár

kurv

felszáll / leszáll

starte / lande

város
by

falu

landsby

városközpont

bymidte

ház

hus

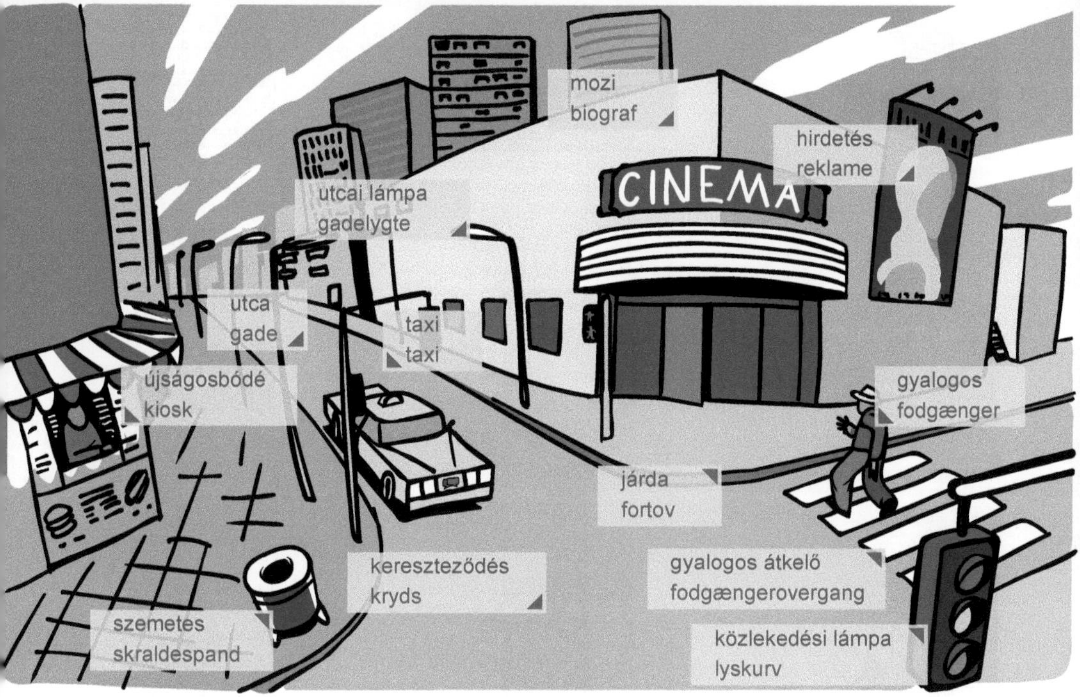

mozi
biograf

hirdetés
reklame

utcai lámpa
gadelygte

CINEMA

utca
gade

taxi
taxi

újságosbódé
kiosk

gyalogos
fodgænger

járda
fortov

kereszteződés
kryds

gyalogos átkelő
fodgængerovergang

szemetes
skraldespand

közlekedési lámpa
lyskurv

kunyhó
hytte

lakás
lejlighed

vonatállomás
banegård

városháza
rådhus

múzeum
museum

iskola
skole

egyetem
universitet

bank
bank

kórház
sygehus

hotel
hotel

gyógyszertár
apotek

iroda
kontor

könyvesbolt
boghandel

üzlet
butik

virágüzlet
blomsterbutik

szupermarket
supermarked

piac
marked

áruház
stormagasin

halárus
fiskehandler

bevásárló központ
butikscenter

kikötő
havn

park

park

pad

bænk

híd

bro

lépcső

trappe

metró

undergrundsbane

alagút

tunnel

buszmegálló

busstoppested

bár

barnevogn

étterem

restaurant

postaláda

postkasse

utcatábla

vejskilt

parkoló óra

parkometer

állatkert

zoo

uszoda

badeanstalt

mecset

moske

gazdálkodás

bondegård

környezetszennyezés

miljøforurening

temető

kirkegård

templom

kirke

játszótér

legeplads

szentély

tempel

táj
landskab

levél
blad

útjelző tábla
vejviser

út
vej

rét
eng

kő
sten

túrázó
vandrer

fa
træ

folyó
flod

fű
græs

virág
blomst

völgy

dal

domb

bjerg

tó

sø

erdő

skov

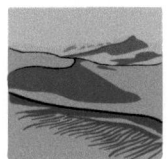

sivatag

ørken

vulkán

vulkan

kastély

slot

szivárvány

regnbue

gomba

svamp

pálmafa

palme

szúnyog

moskito

légy

flue

hangya

myre

méhecske

bi

pók

edderkop

bogár

bille

béka

frø

mókus

egern

sündisznó

pindsvin

nyúl

hare

bagoly

ugle

madár

fugl

hattyú

svane

vaddisznó

vildsvin

szarvas

hjort

rénszarvas

elg

gát

dæmning

szélturbina

vindmølle

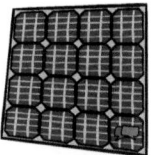

napelem

solcellemodul

éghajlat

klima

pincér
tjener

menü
spisekort

szék
stol

leves
suppe

pizza
pizza

evöeszköz
bestik

terítő
borddug

előétel
forret

főétel
hovedret

desszert
dessert

italok
drikkevarer

étel
mad

üveg
flaske

gyorsétel

fastfood

gyorsétel

streetfood

teás kanna

tekande

cukortartó

sukkerdåse

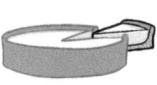

adag

portion

eszpresszógép

espressomaskine

bárszék

barnestol

számla

faktura

tálca

tablet

kés

kniv

villa

gaffel

kanál

ske

teáskanál

teske

szalvéta

serviet

pohár

glas

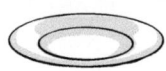

tányér

tallerken

leveses tányér

dyb tallerken

csészealj

underkop

szósz

sovs

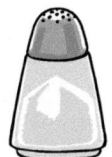

sószóró

saltbøsse

borsőrlő

peberkværn

ecet

eddike

étkezési olaj

olie

fűszerek

krydderier

ketchup

ketchup

mustár

sennep

majonéz

mayonnaise

szupermarket
supermarked

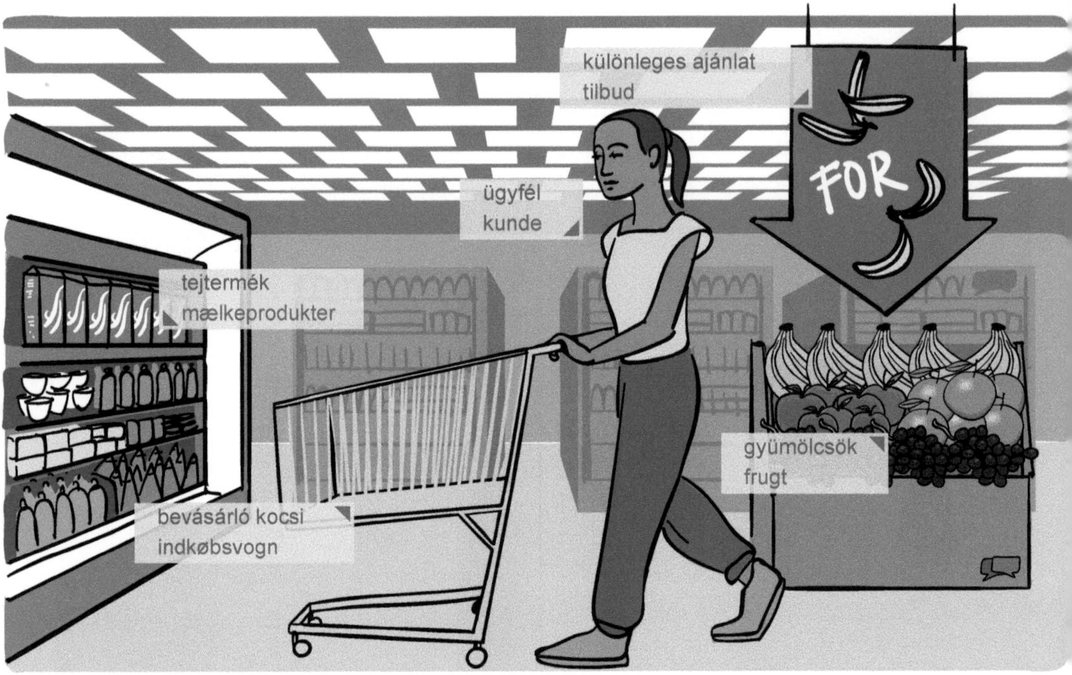

különleges ajánlat
tilbud
FOR
ügyfél
kunde
tejtermék
mælkeprodukter
gyümölcsök
frugt
bevásárló kocsi
indkøbsvogn

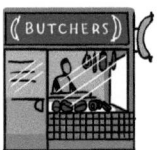

BUTCHERS

hentes

slagter

BAKERY

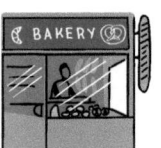

pékség

bageri

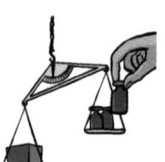

nyom valamennyit

veje

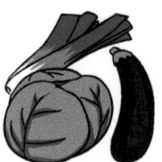

zöldség

grøntsager

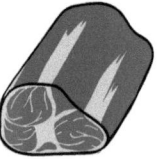

hús

kød

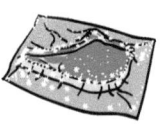

fagyasztott áru

frostvarer

felvágott

pålæg

konzerv

konserves

mosópor

vaskemiddel

édességek

slik

háztartási termék

husholdningsvarer

tisztítószerek

rengøringsmidler

eladó

ekspedient

pénztárgép

kasse

eladó

kasserer

bevásárló lista

indkøbsliste

nyitva tartás

åbningstider

levéltárca

tegnebog

hitelkártya

kreditkort

zacskó

taske

műanyag zacskó

plasticpose

víz
vand

gyümölcslé
saft

tej
mælk

kóla
cola

bor
vin

sör
øl

alkohol
alkohol

kakaó
kakao

tea
te

kávé
kaffe

eszpresszó
espresso

kapucsínó
cappuccino

banán

banan

alma

æble

narancs

appelsin

sárgadinnye

melon

citrom

citron

sárgarépa

gulerod

fokhagyma

hvidløg

bambusz

bambus

hagyma

løg

gomba

svamp

magvak

nødder

nokedli

nudler

spagetti

spaghetti

rizs

ris

saláta

salat

sült krumpli

pomfritter

sült burgonya

stegte kartofler

pizza

pizza

hamburger

hamburger

szendvics

sandwich

hússzelet

schnitzel

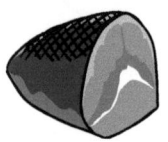

sonka

skinke

szalámi

salami

kolbász

pølse

csirke

kylling

pecsenye

steg

hal

fisk

zabkása

havregryn

müzli

mysli

kukoricapehely

cornflakes

liszt

mel

croissant

croissant

zsemle

rundstykke

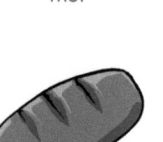

kenyér

brød

pirítós kenyér

toast

keksz

kiks

vaj

smør

túró

kvark

sütemény

kage

tojás

æg

tükörtojás

spejlæg

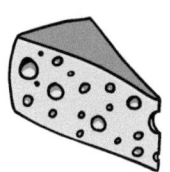

sajt

ost

jégkrém

is

cukor

sukker

méz

honning

lekvár

marmelade

mogyorókrém

nougat-creme

curry

karry

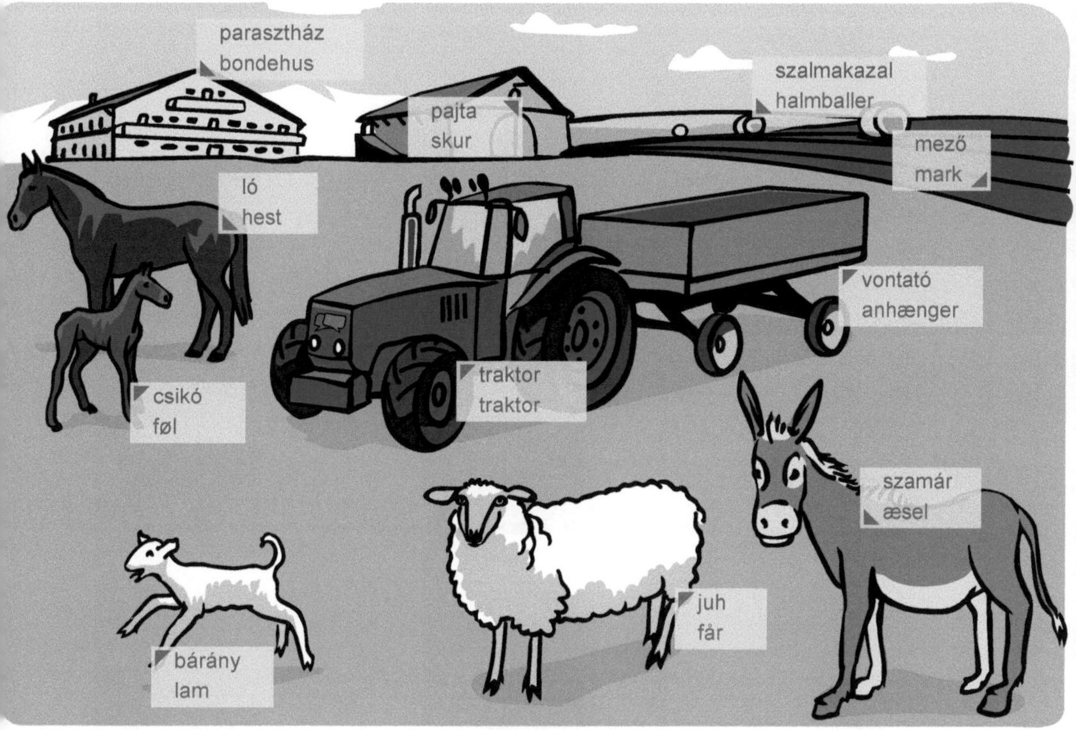

parasztház
bondehus

szalmakazal
halmballer

pajta
skur

mező
mark

ló
hest

vontató
anhænger

csikó
føl

traktor
traktor

szamár
æsel

bárány
lam

juh
får

kecske
ged

tehén
ko

borjú
kalv

malac
svin

kismalac
gris

bika
tyr

liba

gås

kacsa

and

csibe

kylling

tojó

høne

kakas

hane

patkány

rotte

macska

kat

egér

mus

ökör

okse

kutya

hund

kutyaház

hundehus

kerti öntözőcső

haveslange

öntözőkanna

vandkande

kasza

le

eke

plov

sarló

segl

kapa

hakkejern

vasvilla

møggreb

fejsze

økse

talicska

trillebør

teknő

trug

tejes kancsó

mælkekande

zsák

sæk

kerítés

hæk

istálló

stald

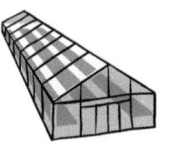

üvegház

drivhus

talaj

jord

vetőmag

frø

trágya

gødning

cséplőgép

mejetærsker

szüretelni

høste

betakarítás

høst

yamgyökér

yams

búza

hvede

szója

soja

burgonya

kartoffel

kukorica

majs

repcemag

raps

gyümölcsfa

frugttræ

manióka

maniok

gabona

korn

ház
hus

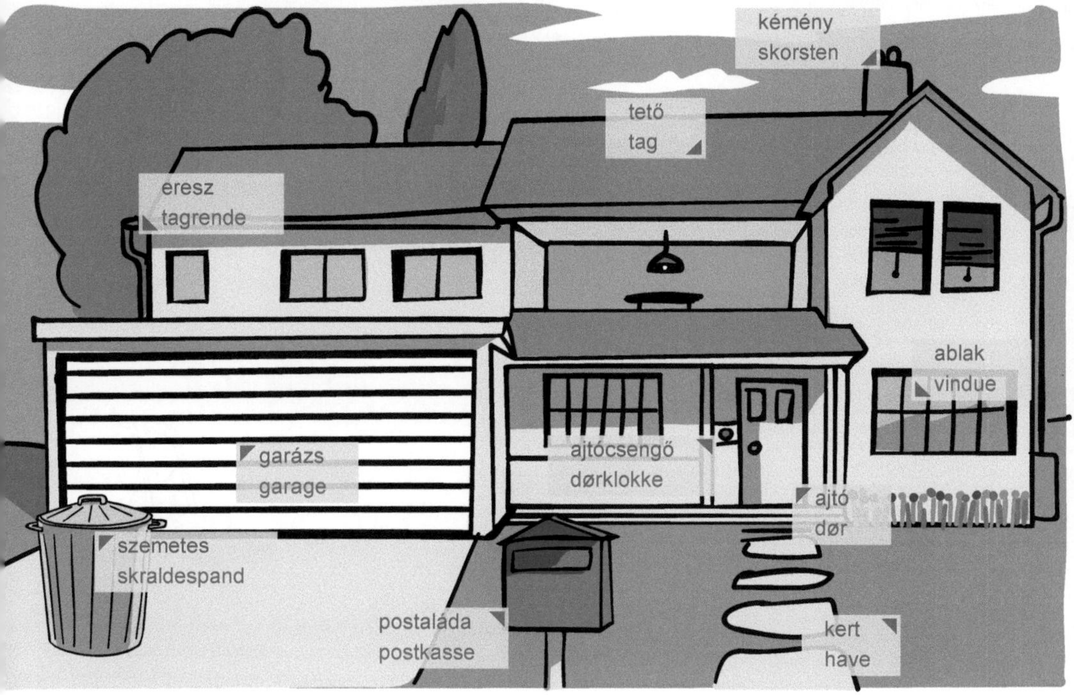
kémény
skorsten
tető
tag
eresz
tagrende
ablak
vindue
garázs
garage
ajtócsengő
dørklokke
ajtó
dør
szemetes
skraldespand
postaláda
postkasse
kert
have

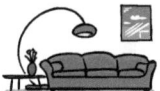

nappali

stue

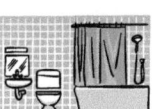

fürdőszoba

badeværelse

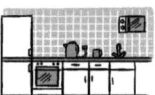

konyha

køkken

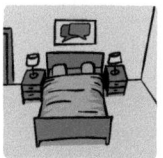

hálószoba

soveværelse

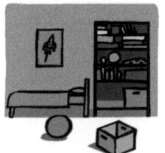

gyerekszoba

børneværelse

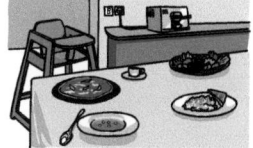

ebédlő

spisestue

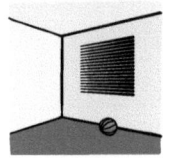

padló

gulv

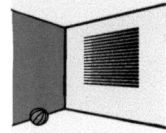

fal

væg

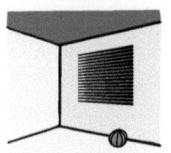

plafon

loft

pince

kælder

szauna

sauna

erkély

altan

terasz

terrasse

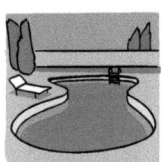

medence

svømmehal

fűnyíró

plæneklipper

lepedő

dynebetræk

ágytakaró

dyne

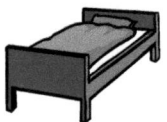

ágy

seng

seprű

kost

vödör

spand

kapcsoló

kontakt

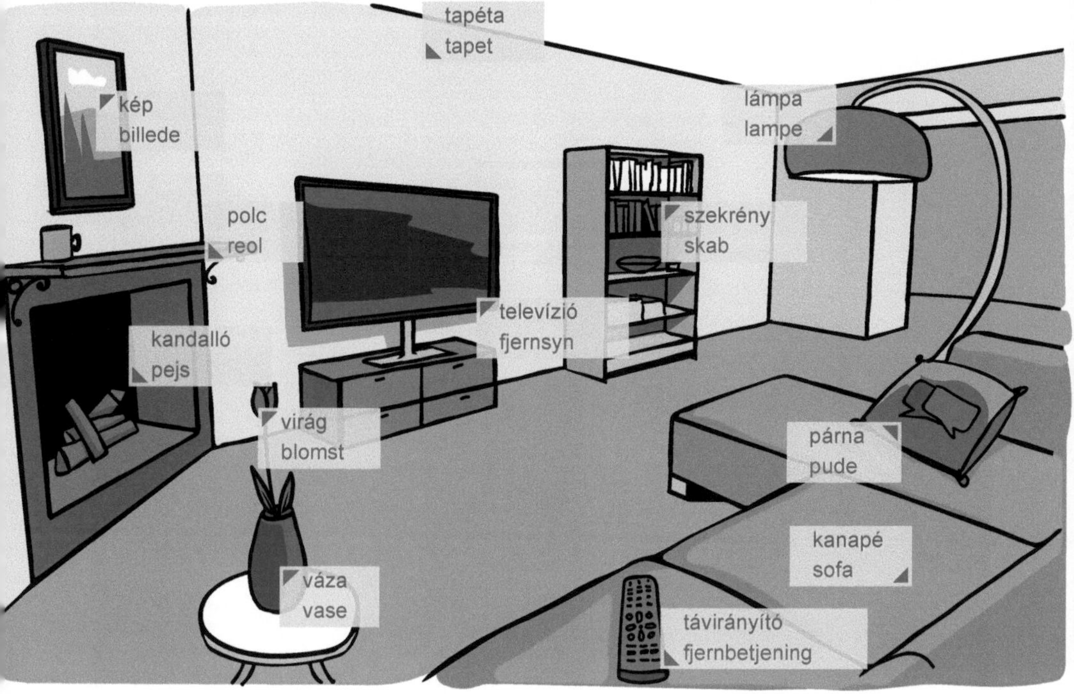

tapéta
tapet

kép
billede

lámpa
lampe

polc
reol

szekrény
skab

kandalló
pejs

televízió
fjernsyn

virág
blomst

párna
pude

kanapé
sofa

váza
vase

távirányító
fjernbetjening

szőnyeg
gulvtæppe

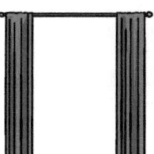

függöny
gardin

asztal
bord

szék
stol

hintaszék
gyngestol

karosszék
lænestol

könyv

bog

takaró

tæppe

dekoráció

dekoration

tűzifa

brænde

film

film

hifi

stereoanlæg

kulcs

nøgle

újság

avis

festmény

maleri

poszter

plakat

rádió

radio

jegyzetfüzet

notesblok

porszívó

støvsuger

kaktusz

kaktus

gyertya

lys

konyha
køkken

hűtőgép
køleskab
mikrohullámú sütő
mikrobølgeovn
konyhai mérleg
køkkenvægt
kenyérpirító
brødrister
tisztítószer
rengøringsmiddel
tűzhely
bageovn
fagyasztó
fryserum
szemetes
skraldespand
mosogatógép
opvaskemaskine

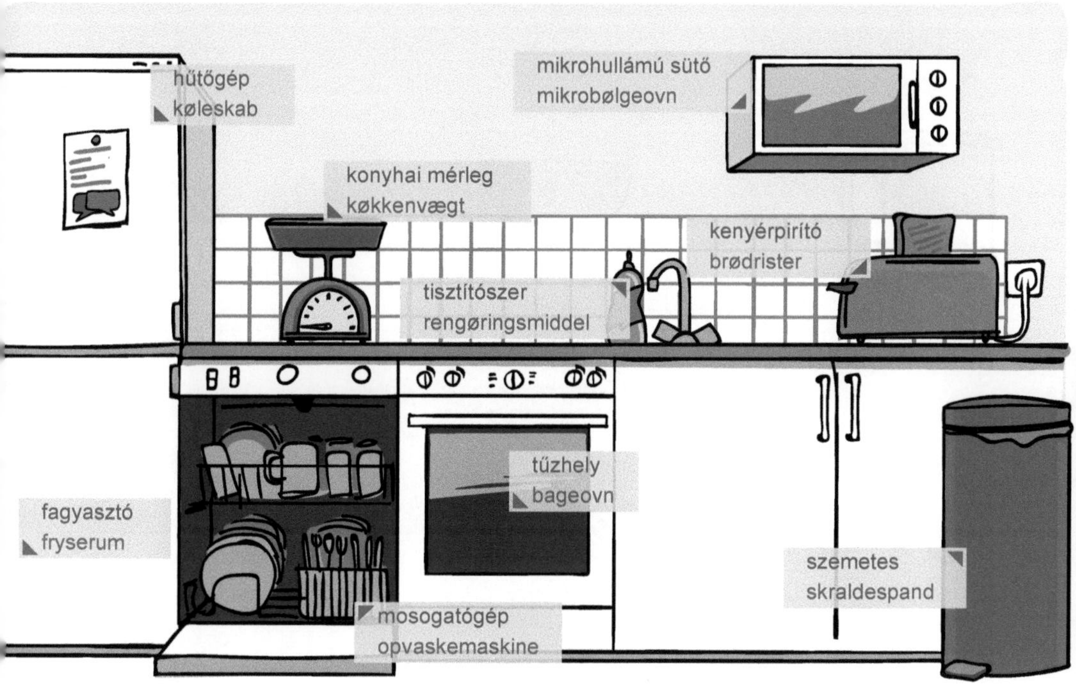

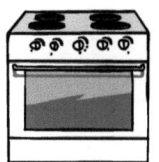

tűzhely

komfur

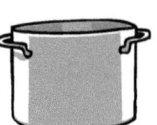

edény

gryde

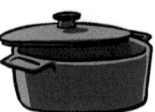

vasfazék

jerngryde

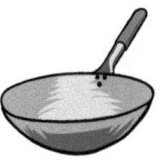

wok / kadai

wok / kadai

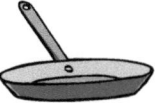

serpenyő

pande

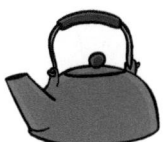

vízforraló

elkedel

páróló

dampkoger

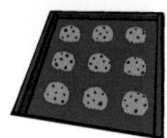

tepsi

bageplade

étkészlet

service

bögre

bæger

tálka

skål

evőpálcika

spisepinde

merőkanál

øseske

keverőlapátka

paletkniv

habverő

piskeris

szűrő

dørslag

szita

si

reszelő

rive

mozsár

morter

grillsütő

grille

kandalló

ildsted

vágódeszka

skærebræt

sodrófa

kagerulle

dugóhúzó

proptrækker

doboz

dåse

konzervnyitó

dåseåbner

edényfogó

grydelap

mosogató

køkkenvask

kefe

børste

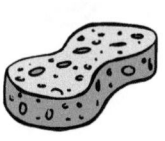

szivacs

svamp

turmixgép

blender

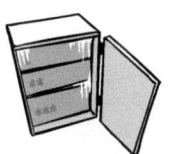

mélyhűtő

dybfryser

cumisüveg

sutteflaske

csap

vandhane

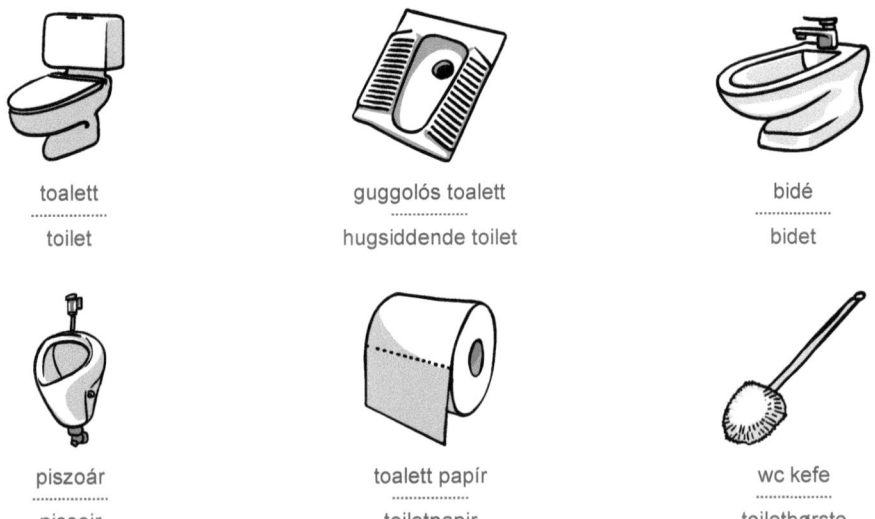

fürdőszoba
badeværelse

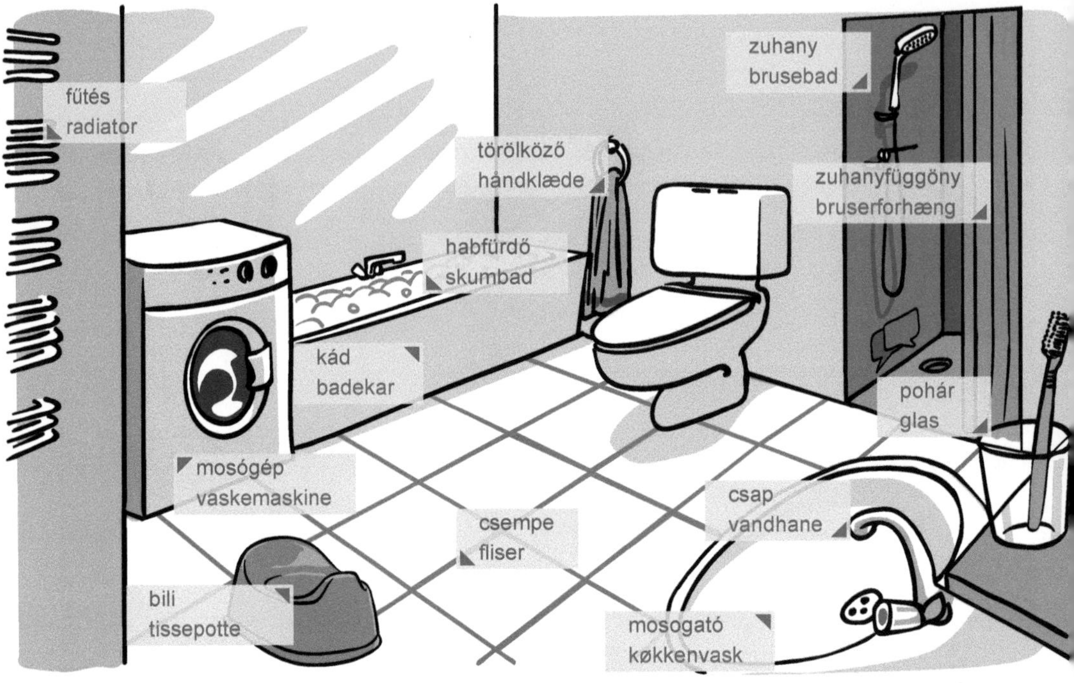

fűtés
radiator
törölköző
håndklæde
zuhany
brusebad
zuhanyfüggöny
bruserforhæng
habfürdő
skumbad
kád
badekar
mosógép
vaskemaskine
pohár
glas
csap
vandhane
csempe
fliser
bili
tissepotte
mosogató
køkkenvask

toalett

toilet

guggolós toalett

hugsiddende toilet

bidé

bidet

piszoár

pissoir

toalett papír

toiletpapir

wc kefe

toiletbørste

fogkefe

tandbørste

fogkrém

tandpasta

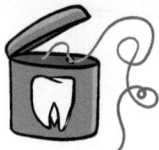

fogselyem

tandtråd

mosni

vaske

kézi zuhany

håndbruser

intimzuhany

intimbruser

mosdótál

vaskefad

hátmosó kefe

badebørste

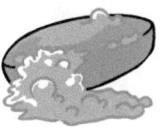

szappan

sæbe

tusfürdő

brusegele

sampon

shampoo

mosdókesztyű

vaskeklud

lefolyó

afløb

krém

creme

dezodor

deodorant

tükör
spejl

kézitükör
kosmetikspejl

borotva
barberhøvl

borotvahab
barberskum

borotválkozás utáni
arcszesz
barbervand

fésű
kam

hajkefe
børste

hajszárító
hårtørrer

hajlakk
hårspray

smink
makeup

ajakrúzs
læbestift

körömlakk
neglelak

vatta
vat

körömvágó olló
neglesaks

parfüm
parfume

neszesszer

toilettaske

sámli

skammel

mérleg

vægt

köntös

badekåbe

gumikesztyű

gummihandsker

tampon

tampon

egészségügyi betét

damebind

vegyi WC

kemisk toilet

gyerekszoba

børneværelse

ébresztő óra
vækkeur
plüssállat
bamse
játékautó
legetøjsbil
csörgő
skralde
babaház
dukkehus
ajándék
gave

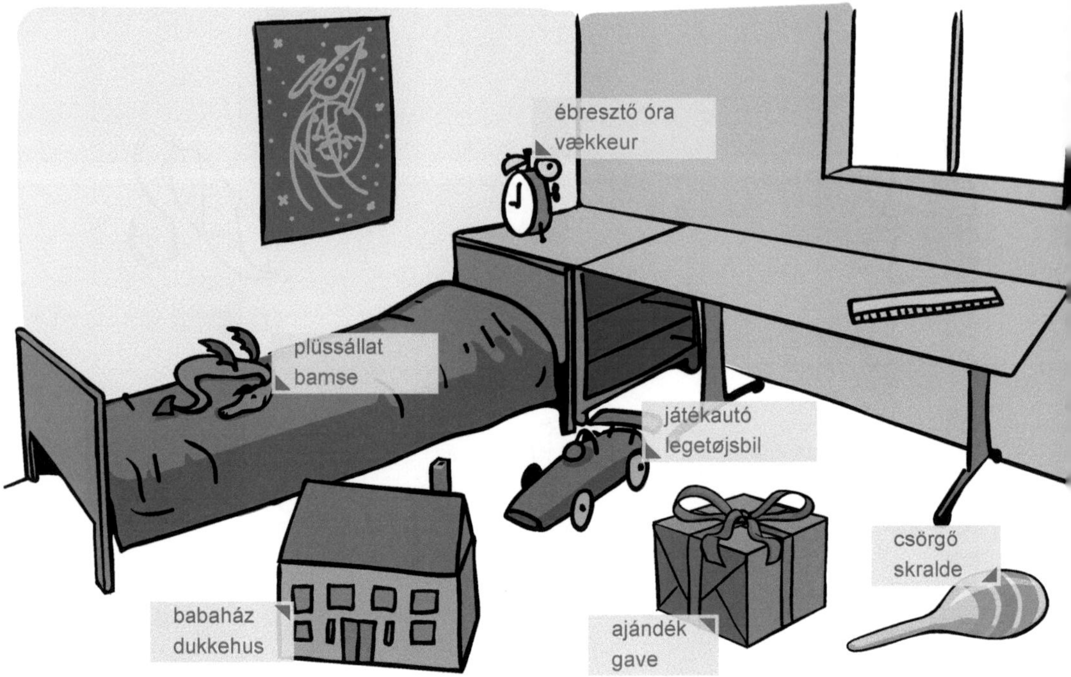

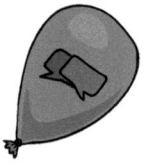

lufi

ballon

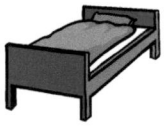

ágy

seng

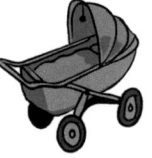

babakocsi

barnevogn

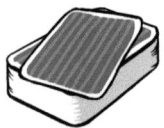

kártyapakli

kortspil

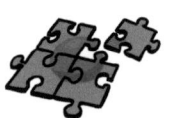

kirakós játék

puslespil

SUPER
MEGA

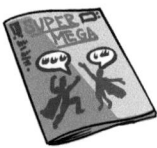

képregény

tegneserie

építőkockák

legoklodser

építőelem

byggeklodser

szuperhős

action figur

rugdalózó

sparkedragt

frizbi

frisbee

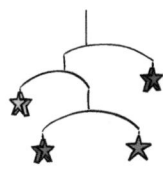

zenélő forgó

uro

társasjáték

brætspil

kocka

terning

modellvasút

modeljernbane

cumi

sut

zsúr

fest

képeskönyv

billedbog

labda

bold

baba

dukke

játszani

lege

homokozó

sandkasse

hinta

gynge

játékok

legetøj

videójáték konzol

spillekonsol

tricikli

trehjulet cykel

teddi maci

bamse

ruhásszekrény

klædeskab

ruházat

tøj

zokni

sokker

harisnya

strømper

harisnyanadrág

strømpebukser

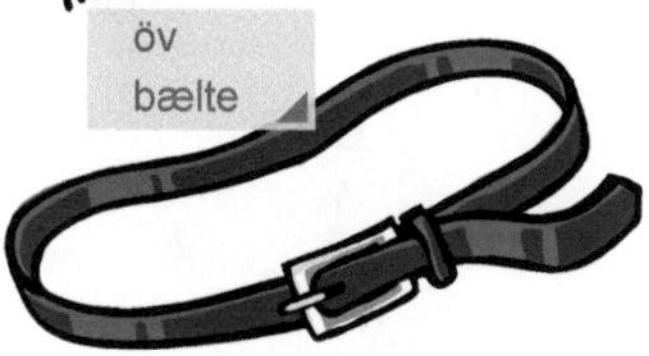

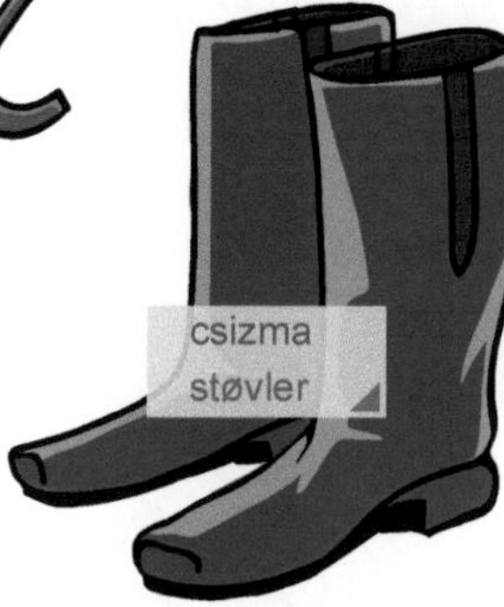

sál
sjal

esernyő
paraply

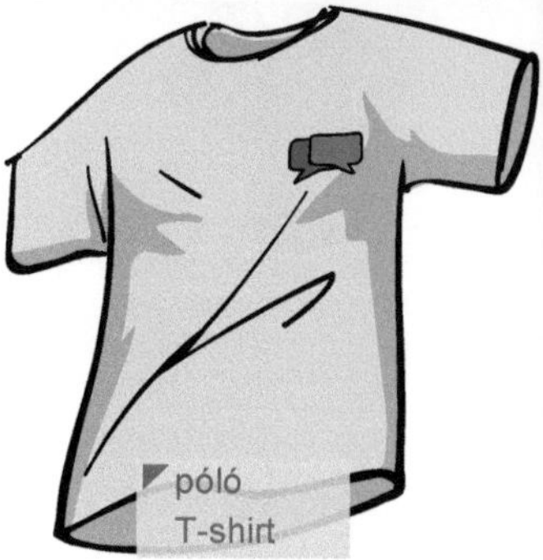

öv
bælte

póló
T-shirt

csizma
støvler

papucs
hjemmesko

tornacipő
sneakers

szandál
....
sandaler

cipő
....
sko

gumicsizma
....
gummistøvler

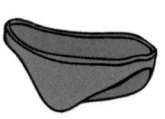

alsónadrág
....
underbukser

melltartó
....
BH

mellény
....
undertrøje

body

body

nadrág

bukser

farmer

jeans

szoknya

nederdel

blúz

bluse

ing

skjorte

pulóver

pullover

kapucnis pulóver

sweatshirt

blézer

blazer

dzseki

jakke

kabát

frakke

esőkabát

regnfrakke

kosztüm

kostume

ruha

kjole

esküvői ruha

brudekjole

öltöny

jakkesæt

hálóing

nattrøje

pizsama

pyjamas

szári

sari

fejkendő

hovedtørklæde

turbán

turban

burka

burka

kaftán

kaftan

abaya

abaya

fürdőruha

badedragt

fürdőnadrág

badebukser

rövidnadrág

korte bukser

tréningruha

træningsdragt

kötény

forklæde

kesztyű

handsker

gomb

knap

szemüveg

briller

karkötő

armbånd

nyaklánc

kæde

gyűrű

ring

fülbevaló

ørering

sapka

hue

vállfa

bøjle

kalap

hat

nyakkendő

slips

cipzár

lynlås

bukósisak

hjelm

nadrágtartó

seler

iskolai egyenruha

skoleuniform

egyenruha

uniform

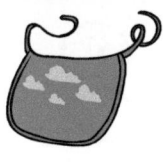

előke
hagesmæk

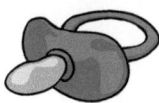

cumi
sut

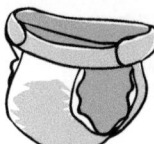

pelenka
ble

iroda
kontor

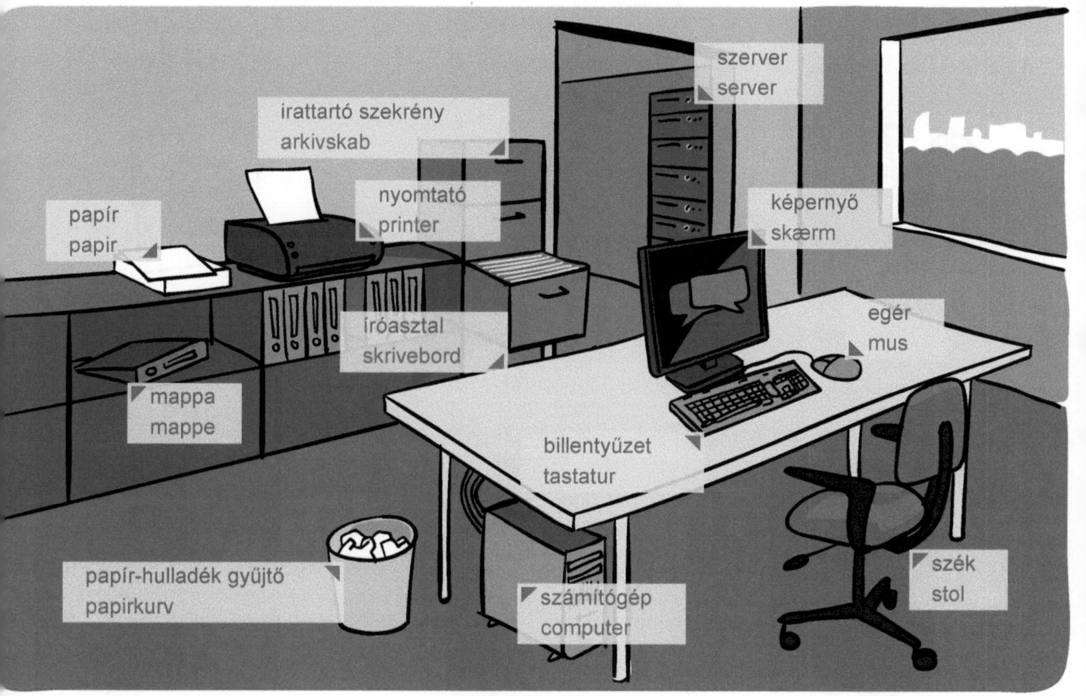

szerver
server
irattartó szekrény
arkivskab
papír
papir
nyomtató
printer
képernyő
skærm
egér
mus
íróasztal
skrivebord
mappa
mappe
billentyűzet
tastatur
papír-hulladék gyűjtő
papirkurv
szék
stol
számítógép
computer

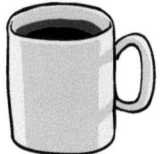

kávéscsésze
kaffekrus

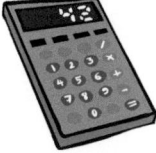

számológép
lommeregner

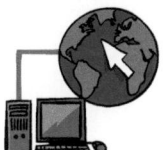

internet
internet

laptop

bærbar

levél

brev

üzenet

besked

mobiltelefon

mobil

hálózat

netværk

fénymásoló

kopimaskine

szoftver

software

telefon

telefon

konnektor

stikdåse

faxgép

fax

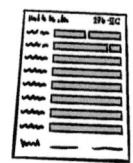

formanyomtatvány

formular

dokumentum

dokument

venni

købe

fizetni

betale

kereskedni

handle

pénz

penge

dollár

dollar

euró

euro

jen

yen

rubel

rubel

svájci frank

schweizerfranc

kínai jüan

renminbi yuan

rúpia

rupee

bankautomata

hæveautomat

valutaváltó iroda

vekselkontor

arany

guld

ezüst

sølv

olaj

olie

energia

energi

ár

pris

szerződés

kontrakt

adó

skat

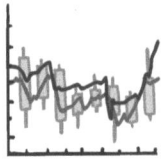

részvény

aktie

dolgozni

arbejde

munkavállaló

ansat

munkaadó

arbejdsgiver

gyár

fabrik

üzlet

butik

rendőr
politimand

tűzoltó
brandmand

szakács
kok

orvos
læge

pilóta
pilot

kertész

gartner

kárpitos

tømrer

varrónő

syerske

bíró

dommer

vegyész

kemiker

színész

skuespiller

buszsofőr

buschauffør

taxisofőr

taxachauffør

halász

fisker

bejárónő

rengøringskone

tetőfedő

tagdækker

pincér

tjener

vadász

jæger

festő

maler

pék

bager

villanyszerelő

elektriker

építőmunkás

bygningsarbejder

mérnök

ingeniør

hentes

slagter

vízvezeték-szerelő

vvs-mand

postás

postbud

katona

soldat

építész

arkitekt

eladó

kasserer

virágos

blomsterhandler

fodrász

frisør

kalauz

togfører

műszerész

mekaniker

kapitány

kaptajn

fogorvos

tandlæge

tudós

videnskabsmand

rabbi

rabbiner

imám

imam

szerzetes

munk

lelkész

præst

szerszámok

værktøj

kalapács
hammer
fogó
tang
csavarhúzó
skruedrejer
csavarkulcs
skruenøgle
elemlámpa
lommelygte
15

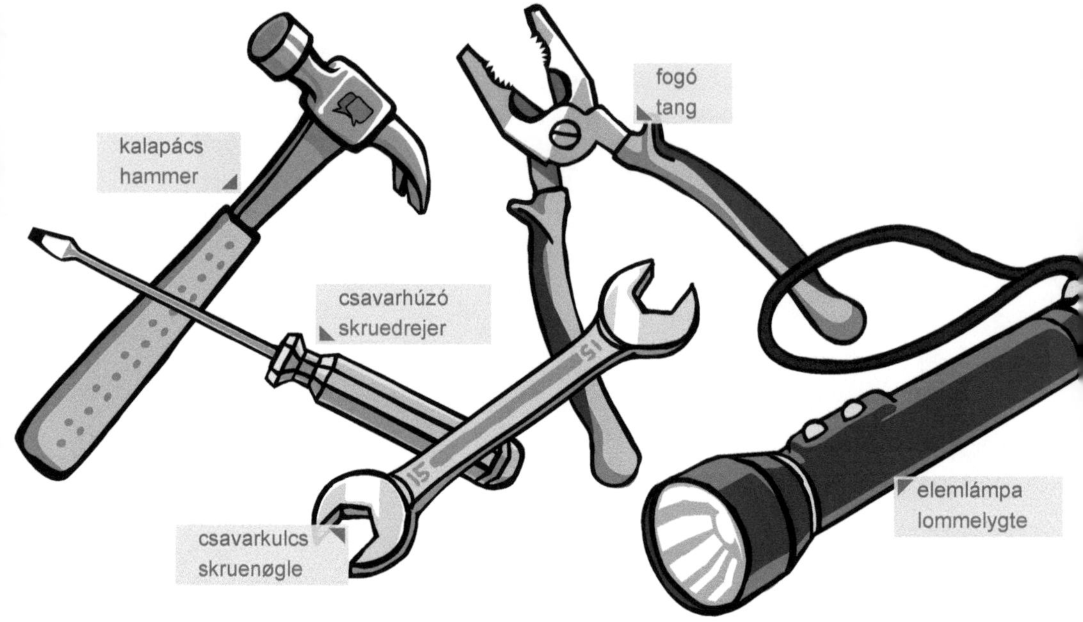

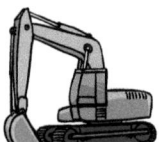

markológép

gravemaskine

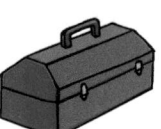

szerszámosláda

værktøjskasse

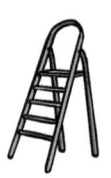

vödör

stige

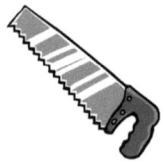

fűrész

sav

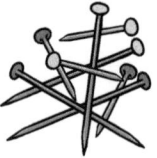

szög

søm

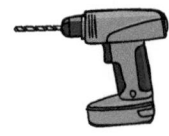

fúrógép

bor

megjavítani

reparere

lapát

skovl

A francba!

Lort!

szemétlapát

fejebakke

festékesdoboz

malerspand

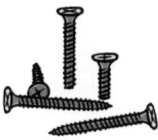

csavar

skruer

hangszerek
musikinstrumenter

dobfelszerelés
trommer

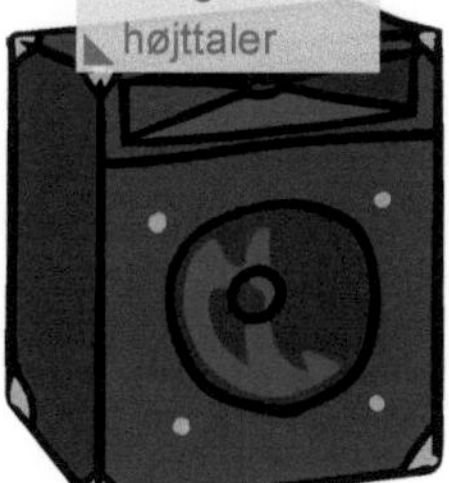

hangszóró
højttaler

gitár
guitar

nagybőgő
kontrabas

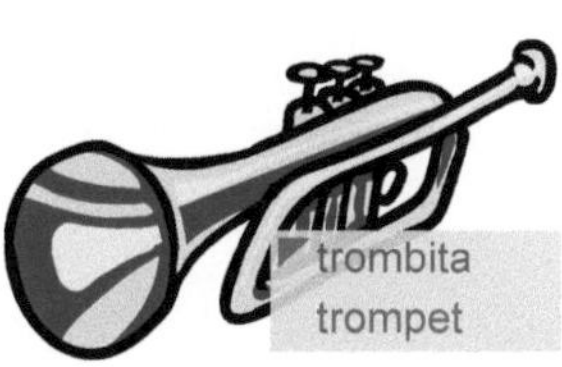

trombita
trompet

zongora

klaver

hegedű

violin

basszusgitár

bas

üstdob

pauke

dobok

tromme

digitális zongora

keyboard

szaxofon

saxofon

fuvola

fløjte

mikrofon

mikrofon

hangszerek - musikinstrumenter

állatkert

zoo

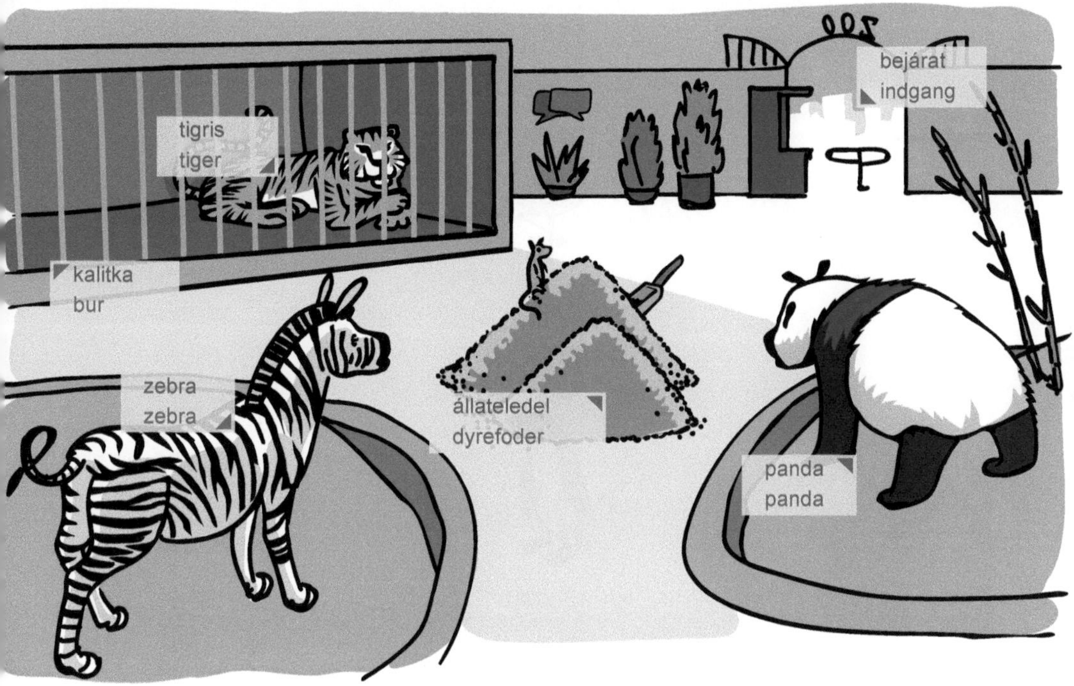
tigris
tiger
kalitka
bur
bejárat
indgang
zebra
zebra
állateledel
dyrefoder
panda
panda

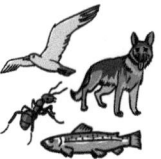

állatok

dyr

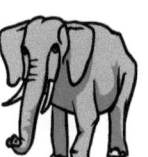

elefánt

elefant

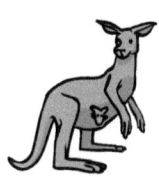

kenguru

kænguru

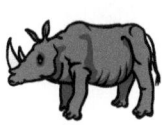

orrszarvú

næsehorn

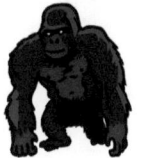

gorilla

gorilla

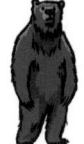

medve

bjørn

teve	strucc	oroszlán
kamel	struds	løve

majom	flamingó	papagáj
abe	flamingo	papegøje

jegesmedve	pingvin	cápa
isbjørn	pingvin	haj

páva	kígyó	krokodil
påfugl	slange	krokodille

állatgondozó	fóka	jaguár
dyrepasser	sæl	jaguar

póniló

pony

leopárd

leopard

víziló

flodhest

zsiráf

giraf

sas

ørn

vaddisznó

vildsvin

hal

fisk

teknős

skildpadde

rozmár

hvalros

róka

ræv

gazella

gazelle

amerikai futball
amerikansk football

kerékpározás
cykling

tenisz
tennis

kosárlabda
basketball

úszás
svømning

boksz
boksning

jégkorong
ishockey

futball
fodbold

tollas
badminton

atlétika
atletik

kézilabda
håndbold

síelés
skiløb

lovaspóló
polo

ugrani
springe

ölelni
give et knus

nevetni
grine

sétálni
gå

énekelni
synge

dicsérni
bede

csókolni
kysse

álmodni
drømme

írni	rajzolni	mutatni
skrive	tegne	vise
tolni	adni	vinni
skubbe	give	tage

birtokolni

have

csinálni

gøre

lenni

være

állni

stå

futni

løbe

húzni

trække

hajít

kaste

esni

falde

hazudni

ligge

várni

vente

vinni

bære

ülni

sidde

felvenni

tage på

aludni

sove

felébredni

vågne

ránézni

se på

sírni

græde

simogat

ae

fésülni

kæmme

beszélni

tale

megérteni

forstå

kérdezni

spørge

hallgatni

høre

inni

drikke

enni

spise

takarítani

rydde op

szeretni

elske

főzni

koge

vezetni

køre

szállni

flyve

vitorlázni

sejle

számol

regne

olvasni

læse

tanulni

lære

dolgozni

arbejde

házasodni

gifte sig med

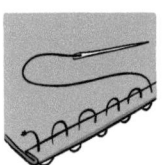

varrni

sy

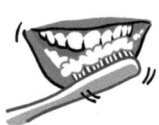

fogat mosni

børste tænder

ölni

dræbe

dohányozni

ryge

küldeni

sende

nagymama
bedstemor

nagypapa
bedstefar

apa
far

anya
mor

kisbaba
baby

lány
datter

fiú
søn

vendég

gæst

nagynéni

tante

nagybácsi

onkel

fiútestvér

bror

lánytestvér

søster

test

krop

homlok
pande
szem
øje
váll
skulder
ujj
finger
arc
ansigt
áll
hage
kéz
hånd
láb
ben
mell
bryst
kar
arm

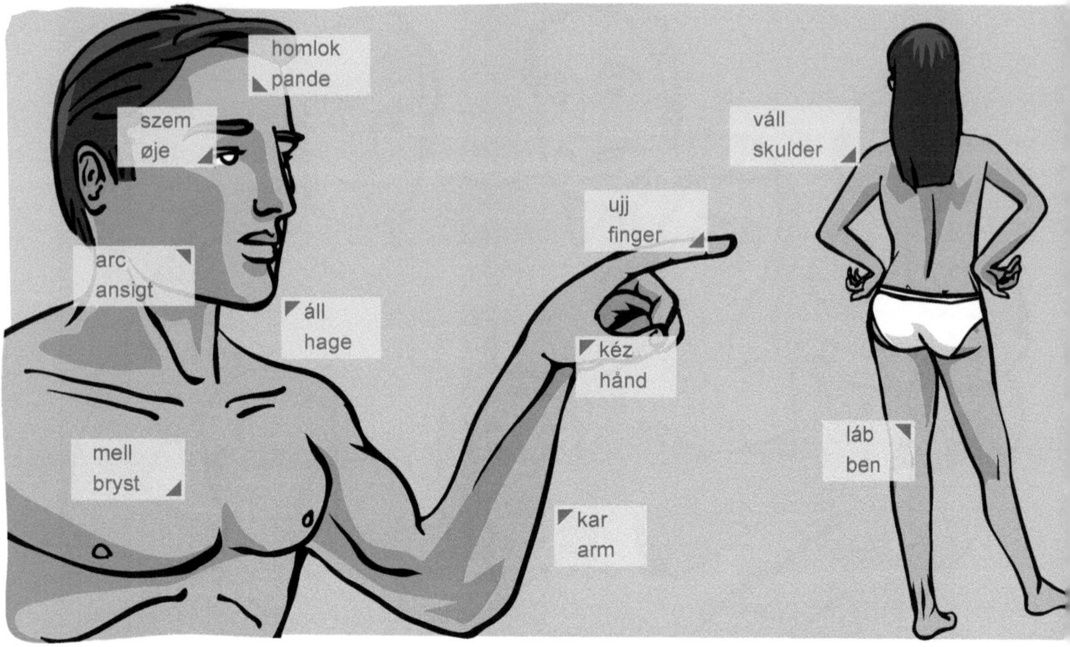

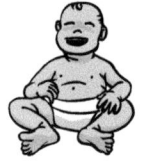

kisbaba

baby

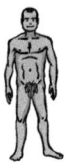

ember

mand

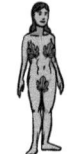

nő

kvinde

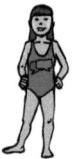

lány

pige

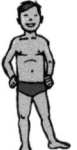

fiú

dreng

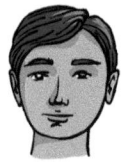

fej

hoved

hát
ryg

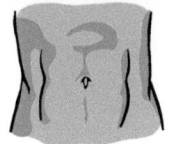

has
mave

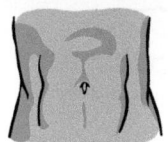

köldök
navle

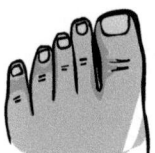

lábujj
tå

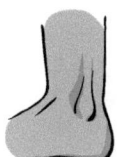

sarok
hæl

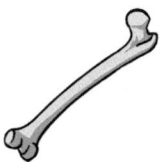

csont
knogle

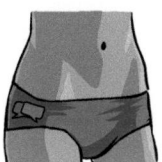

csípő
hofte

térd
knæ

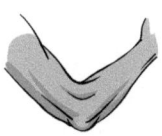

könyök
albue

orr
næse

fenék
bagdel

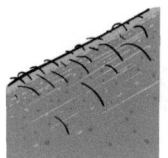

bőr
hud

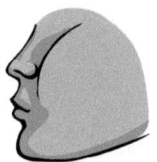

orca
kind

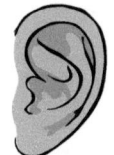

fül
øre

ajak
læbe

száj
mund

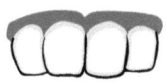

fog
tand

nyelv
tunge

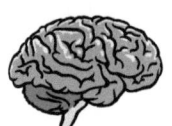

agy
hjerne

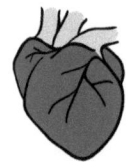

szív
hjerte

izom
muskel

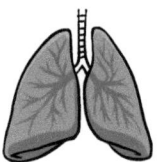

tüdő
lunge

máj
lever

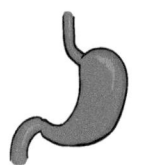

gyomor
mavesæk

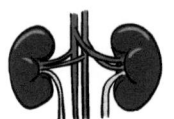

vese
nyrer

szex
sex

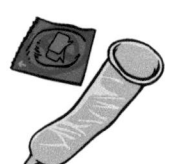

kondom
kondom

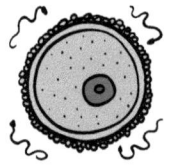

petesejt
ægcelle

sperma
sperm

terhesség
svangerskab

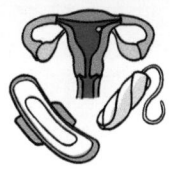

menstruáció

menstruation

vagina

vagina

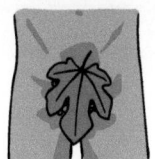

pénisz

penis

szemöldök

øjenbryn

haj

hår

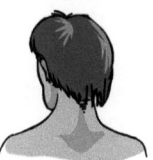

nyak

hals

kórház
sygehus

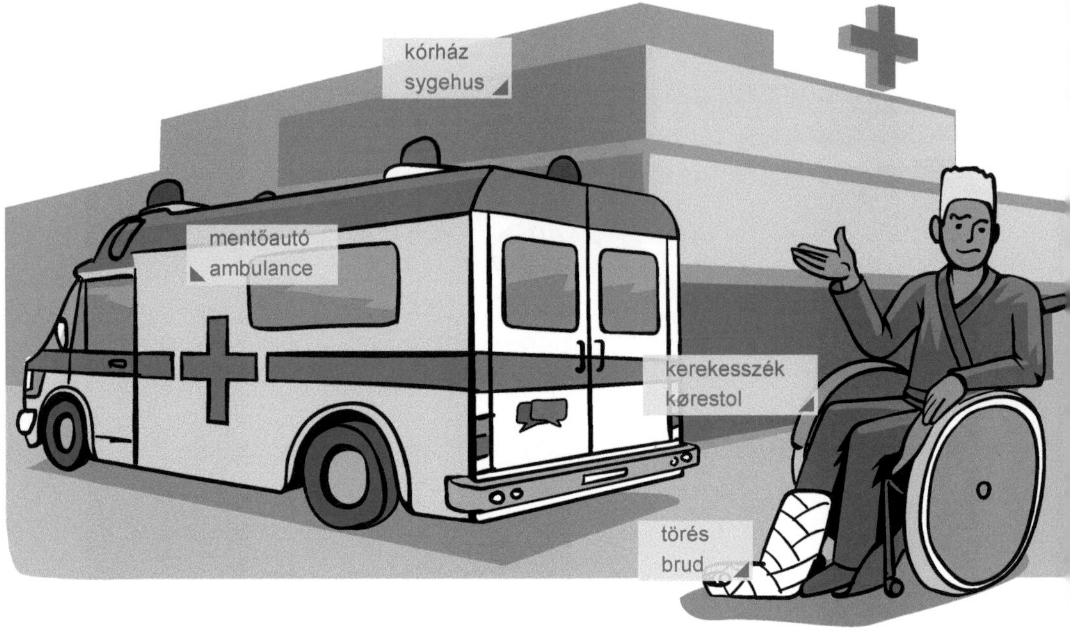

kórház
sygehus
mentőautó
ambulance
kerekesszék
kørestol
törés
brud

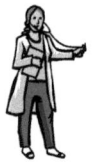

orvos

lægе

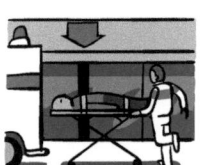

sürgősségi osztály

akutmodtagelse

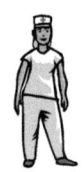

ápoló

sygeplejerske

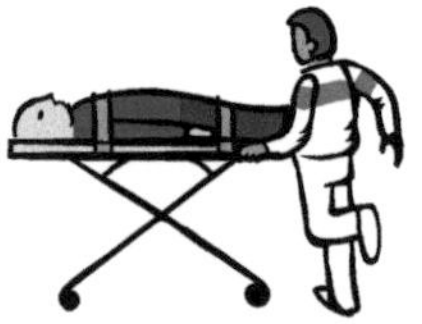

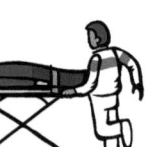

vészhelyzet

nødstilfælde

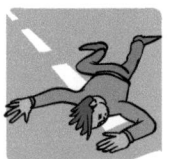

eszméletlen

bevidstløs

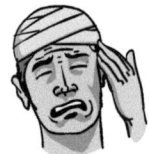

fájdalom

smerte

sérülés

skade

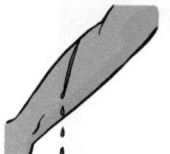

vérzés

blødning

szívroham

hjerteinfarkt

szélütés

slagtilfælde

allergia

allergi

köhögés

hoste

láz

feber

influenza

influenza

hasmenés

diarré

fejfájás

hovedpine

rák

kræft

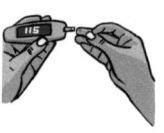

cukorbetegség

diabetes

sebész

kirurg

szike

skalpel

műtét

operation

CT
CT

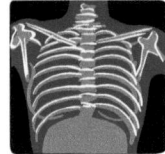

röntgen
røntgen

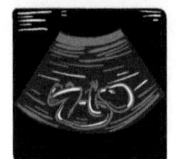

ultrahang
ultralyd

arcmaszk
maske

betegség
sygdom

váróterem
venteværelse

mankó
krykke

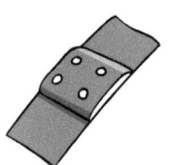

sebtapasz
plaster

kötszer
forbinding

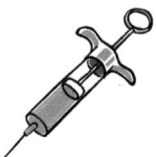

injekció
injektion

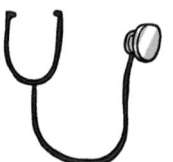

sztetoszkóp
stetoskop

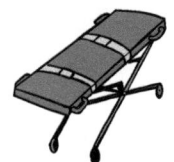

hordágy
båre

klinikai hőmérő
termometer

születés
fødsel

túlsúly
overvægt

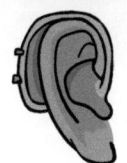

hallókészülék

høreapparat

fertőtlenítőszer

desinficerende middel

fertőzés

infektion

vírus

virus

HIV/AIDS

HIV / AIDS

orvosság

medicin

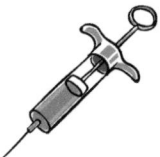

oltás

vaccination

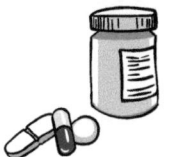

tabletták

tabletter

tabletta

pille

sürgősségi hívás

nødopkald

vérnyomásmérő

blodtryksmåler

betegség / egészség

syg / rask

Segítség!

Hjælp!

riasztás

alarm

rajtaütés

overfald

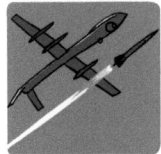

támadás

angreb

veszély

fare

vészkijárat

nødudgang

tűz!

Det brænder!

tűzoltókészülék

ildslukker

baleset

uheld

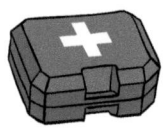

elsősegélycsomag

førstehjælps-kuffert

SOS

SOS

rendőrség

politi

Európa

Europa

Észak-Amerika

Nordamerika

Dél-Amerika

Sydamerika

Afrika

Afrika

Ázsia

Asien

Ausztrália

Australien

Atlanti-óceán

Atlanterhavet

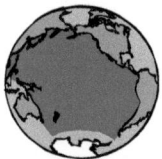

Csendes-óceán

Stillehavet

Indiai-óceán

Indiske Ocean

Déli-óceán

Sydlige Ishav

Jeges-tenger

Ishav

Északi-sark

Nordpol

Déli-sark

Sydpol

Antarktisz

Antarktis

föld

Jorden

szárazföld

land

tenger

hav

sziget

ø

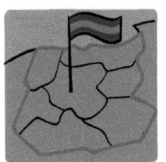

nemzet

nation

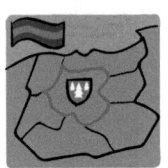

állam

stat

föld - Jorden

számlap

urskive

kismutató

timeviser

nagymutató

minutviser

másodpercmutató

sekundviser

Mennyi az idő?

Hvad er klokken?

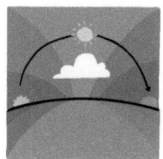

nap

dag

idő

tid

most

nu

digitális óra

digitalur

perc

minut

óra

time

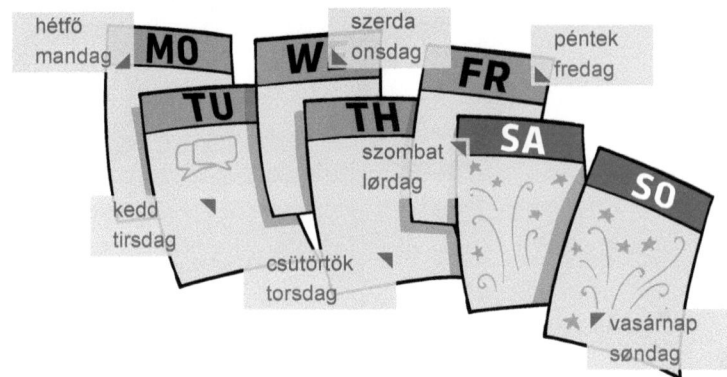

hétfő
mandag — **MO**

szerda
onsdag — **W**

péntek
fredag

TU

FR

TH

szombat
lørdag — **SA**

kedd
tirsdag

csütörtök
torsdag

SO

vasárnap
søndag

tegnap

i går

ma

i dag

holnap

i morgen

reggel

morgen

dél

middag

este

aften

MO	TU	WE	TH	FR	SA	SU
1	2	3	4	5	6	7
8	9	10	11	12	13	14
15	16	17	18	19	20	21
22	23	24	25	26	27	28
29	30	31	1	2	3	4

hétköznap

arbejdsdage

MO	TU	WE	TH	FR	SA	SU
1	2	3	4	5	6	7
8	9	10	11	12	13	14
15	16	17	18	19	20	21
22	23	24	25	26	27	28
29	30	31	1	2	3	4

hétvége

weekend

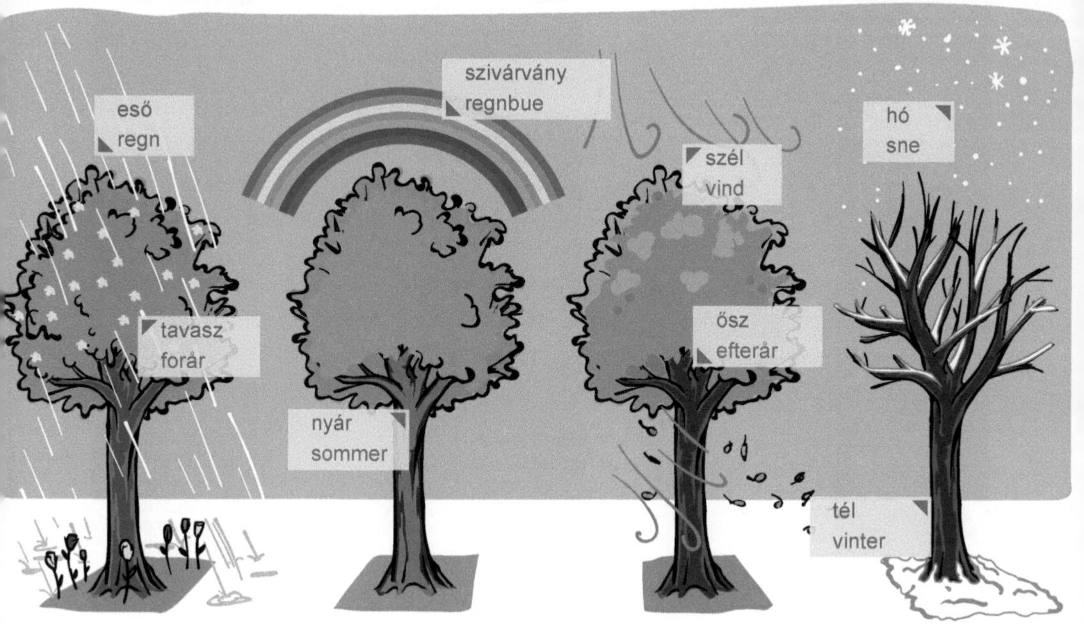

eső
regn

szivárvány
regnbue

szél
vind

hó
sne

tavasz
forår

ősz
efterår

nyár
sommer

tél
vinter

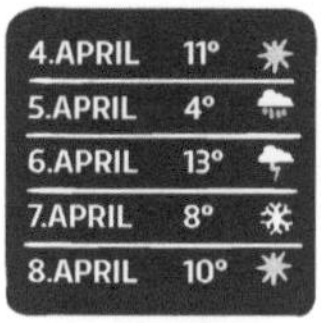

4.APRIL	11°	☀
5.APRIL	4°	⛅
6.APRIL	13°	⛅
7.APRIL	8°	❄
8.APRIL	10°	☀

időjárás előrejelzés
vejrudsigt

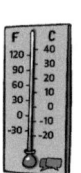

hőmérő
termometer

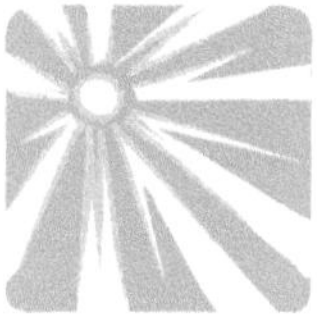

napsütés
solskin

felhő
sky

köd
tåge

páratartalom
luftfugtighed

villámlás

lyn

mennydörgés

torden

vihar

storm

jégeső

hagl

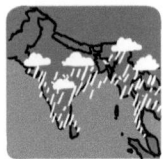

monszun

monsun

áradás

flod

jég

is

január

januar

február

februar

március

marts

április

april

május

maj

június

juni

július

juli

augusztus

august

szeptember

september

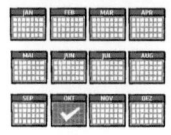

október

oktober

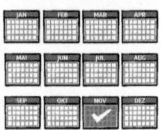

november

november

december

december

alakzatok
former

kör

cirkel

négyzet

kvadrat

téglalap

firkant

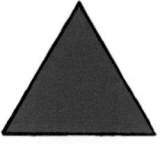

háromszög

trekant

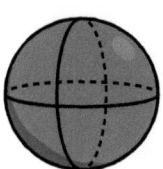

gömb

kugle

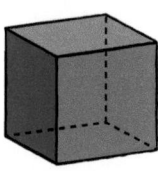

kocka

terning

fehér

hvid

sárga

gul

narancs

orange

rózsaszín

pink

piros

rød

lila

lilla

kék

blå

zöld

grøn

barna

brun

szürke

grå

fekete

sort

sok / kevés

meget / lidt

mérges / nyugodt

rasende / fredelig

szép / csúnya

smuk / grim

kezdet / vég

begyndelse / slut

nagy / kicsi

stor / lille

világos / sötét

lys / mørk

fivér / nővér

bror / søster

tiszta / koszos

ren / snavset

teljes / nem teljes

fuldkommen / ufuldkommen

nappal / éjszaka

dag / nat

halott / élő

død / levende

széles / keskeny

bred / smal

ehető / nem ehető
spiselig / uspiselig

gonosz / kedves
vred / venlig

izgatott / unott
ophidset / kedet

kövér / vékony
tyk / tynd

első / utolsó
først / sidst

barát / ellenség
ven / fjende

teli / üres
fuld / tom

kemény / puha
hård / blød

nehéz / könnyű
tung / let

éhség / szomjúság
sult / tørst

betegség / egészség
syg / rask

illegális / legális
illegal / legal

intelligens / buta
intelligent / dum

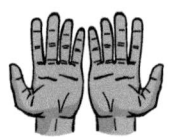

bal / jobb
venstre / højre

közel / távol
nær / fjern

új / használt

ny / brugt

semmi / valami

intet / noget

idős / fiatal

gammel / ung

be / ki

tændt / slukket

nyitva / zárva

åben / lukket

csendes / hangos

stille / højt

gazdag / szegény

rig / fattig

helyes / helytelen

rigtig / forkert

érdes / sima

ru / glat

szomorú / vidám

ked af det / lykkelig

rövid / hosszú

kort / lang

lassú / gyors

langsom / hurtig

nedves / száraz

våd / tør

meleg / hideg

varm / kold

háború / béke

krig / fred

0

nulla

nul

1

egy

en

2

kettő

to

3

három

tre

4

négy

fire

5

öt

fem

6

hat

seks

7

hét

syv

8

nyolc

otte

9

kilenc

ni

10

tíz

ti

11

tizenegy

elleve

12

tizenkettő

tolv

13

tizenhárom

tretten

14

tizennégy

fjorten

15

tizenöt

femten

16

tizenhat

seksten

17

tizenhét

sytten

18

tizennyolc

atten

19

tizenkilenc

nitten

20

húsz

tyve

100

száz

hundrede

1.000

ezer

tusinde

1.000.000

millió

million

angol

engelsk

amerikai angol

amerikansk engelsk

mandarin kínai

kinesisk mandarin

hindi

hindi

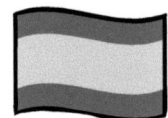

spanyol

spansk

francia

fransk

arab

arabisk

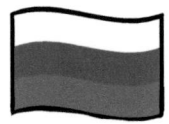

orosz

russisk

portugál

portugisisk

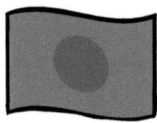

bengáli

bengalsk

német

tysk

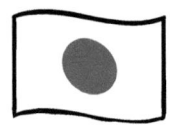

japán

japansk

én

jeg

te

du

ő

han / hun / den / det

mi

vi

ti

I

ők

de

ki?

hvem?

mi?

hvad?

hogyan?

hvordan?

hol?

hvor?

mikor?

hvornår?

név

navn

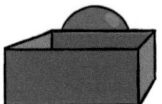

mögött
bag

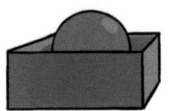

benne
i

elötte
foran

felette
over

rajta
på

alatta
under

mellett
ved siden af

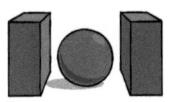

között
imellem

hely
sted